단번에 마음을 사로잡는 한 줄 카피의 힘

캐치 카피

KB183298

일러두기

- 이 책에서는 카피라이팅 중에서도 헤드 카피에 해당하는 '캐치 카피'에 대해 설명한다.

- 우리나라 독자에게 생소한 일본 기업이나 브랜드 뒤에는 업종을 표기했다.

Original Japanese title: **CATCHCOPY NO TSUKURIKATA**

Copyright © Tetsuya Kawakami 2024

Original Japanese edition published by Nippon Jitsugyo Publishing Co., Ltd.
Korean translation rights arranged with Nippon Jitsugyo Publishing Co., Ltd.
through The English Agency (Japan) Ltd. and Danny Hong Agency

단번에 마음을 사로잡는 한 줄 카피의 힘

캐치 카피

catch copy

카피라이팅은 '신경 쓰이게 하는 글쓰기'다. 지난 11년 동안 내가 어떻게 사람들에게 내 글을 신경 쓰게 만들었는지 돌아보니, 결국 그동안 체득한 방법을 믿고 글을 써왔다는 것을 깨달았다. 하지만, 이 책은 그동안 체득해 온 것들을 체계적으로 정리해 보여준다. 정말 쉽고, 바로 적용할 수 있을 정도로 친절하기까지 하다. 카피라이팅을 시작하는 사람들에게는 더할 나위 없는 '방법'이 될 것이고, 더 잘 쓰고 싶은 사람들에게는 '깔끔한 정리'가 될 것이다.

29CM 헤드 카피라이터 오하림

글의 죽음이 온다. 머지않아 글 쓰는 직업의 80%는 사라지거나, Chat GPT와 경쟁하게 될 것이다. 이 책은 차별화된 20%가 되어 Chat GPT를 대적할 수 있는 입문용 해결책이 될 것이다.

맨손의 공기 카피로 싸울 것인가? 무기의 캐치 카피로 싸울 것인가?

〈마케터의 무기들〉 저자, 초인 마케팅랩 대표 디렉터 **윤진호**

추천의 글

　〈캐치 카피〉의 저자 가와카미 데쓰야와 나 사이엔 공통점이 있다. 바로 콤플렉스다. 우리는 모두 카피라이터라는 직업을 가지고 있지만, 본격적인 카피라이터 교육을 받은 적이 없다는 점에서 닮았다. 그래서일까? 나는 가와카미 데쓰야의 저서를 거의 다 읽었다. 아무래도 나와 비슷한 사람에게 이끌리게 돼 있으니까. 그리고 그의 책을 읽으며 엄청난 인사이트를 얻었고 그것들이 내가 만드는 결과물에 많은 영향을 주었다. 그래서 늘 그의 신작이 기다려진다.

　이번 책을 사람에 빗대면 꼭 츤데레 같다. 즉 무심하고 시크한데 알고 보면 참 친절한 사람. 툴툴대면서도 자신이 아는 건 다 말해준다. 여기서 툴툴댄다는 건 말을 빙빙 돌리지 않고 뜬구름 잡지 않고 시원 시원하게 한다는 의미이다. 이 책은 전문 용어들을 친절하게 풀어 설명해 주며, 무엇보다 가장 큰 장점 은 최근 사례를 들어 설명한다는 점이다. 카피라이 팅은 그 어떤 글보다 실제 사례가 도움 되는 글이지 않던가.

나는 이 책을 이제 막 카피라이팅에 눈을 뜨고 제 대로 공부해 보고 싶단 생각이 드는 사람에게 강력 추천하고 싶다. 그들에게 카피 쓰기에 대한 두려움 을 떨쳐내고 시원하게 앞으로 나갈 강력한 부스터를 달아줄 게 분명하다.

〈오늘로 쓴 카피 오늘도 쓴 카피〉, 〈카피 쓰는 법〉 저자 이유미

추천의 글

우리가 '현대인'이라 부르는 사람들은 점차 더 많은 정보를 접하고, 더 많은 것들을 보고 읽고 생각하기에 더 바빠지고 있다. 그렇기에 짧지만 정확한 카피로 사람들의 시선과 생각, 마음까지 정확하게 캐치하는 캐치 카피의 중요성은 더욱 커질 것이다. 그것이 카피라이터들이 〈캐치 카피〉를 읽어야 하는 이유다.

〈카피력〉 저자 **임윤정**

90년대부터 마케팅을 하며 더 체감하는 것은 상품의 트렌드만큼 카피도 빠르게 변한다는 점이다. 새롭게 쏟아지는 신상품의 마케팅과 컨설팅을 하는 나뿐만 아니라 기업과 개인 모두 요즘 먹히는 빠르고 강한 언어를 찾고 있다. 이 책은 그 고민을 떨쳐 줄 좋은 예시와 방향을 알려준다. 또한 이 책은 사람들의 마음과 생각을 움직이게 만드는 훌륭한 기법과 길잡이가 빼곡히 담겨 있다. 분야의 전문가뿐 아니라 일반인에게도 정독을 권한다.

〈팔지 마라 사게 하라〉 저자 **장문정**

추천의 글

반갑다. 가와카미 데쓰야의 신간이라니. 그의 책으로 깊은 인상을 받았던 독자의 한 사람으로서 카피에 대한 그의 노하우와 생각을 다시 접하는 것이 즐겁다. 이 책도 그의 책답다. 명쾌하게 카피라이팅에 대한 실용적인 통찰을 준다.

Chat GPT 같은 생성형 AI가 순식간에 그럴듯한 카피를 수십 개씩 만들어내는 시대다. 누구나 카피를 생산할 수 있다. 하지만 역설적으로 그런 지금이야말로 카피라이팅의 본질과 원칙을 더 깊이 이해해야 할 때다. 직접 쓸 때는 물론이거니와, AI를 쓰더라도 카피에 대한 제대로 된 시각과 기본기 없이는 카피를 흉내 낸 카피밖에 될 수밖에 없기 때문이다.

이 책은 Why부터 How까지, 카피의 근본을 차근차근 짚어준다. 상류 카피와 하류 카피의 구분, 팩트-메리트-베네핏으로 이어지는 논리적 구조, 인사이트 발견법 등은 초보자에겐 탄탄한 기본서가 되고, 프로에겐 기초와 초심을 되돌아보게 하는 거울이 된다.

"팩트와 메리트보다 베네핏을 말하라", "공기 같은 카피는 쓰지 마라" 등 저자의 주장은 명료하면서도 강력하다. 고객의 마음을 움직이는 한 줄의 힘을 만들어내고 싶은 분들과 함께 읽고 싶은 책이다.

크리에이티브 디렉터, 〈한 줄 카피〉 저자 **정규영**

차례

/

상대의 마음을 움직이는
캐치 카피를 쓰고 싶은 당신에게

이 책의 담당 편집자인 일본실업출판사의 가와카미 사
토시입니다. 이 책은 생성형 AI*에 넘어갈 '캐치 카피 쓰
는 법'을 인간의 손으로 다시 가져오기 위해 꼭 필요한
책입니다.

　저는 저자 가와카미 데쓰야와 성은 같지만, 친척은 아

닙니다. 2008년에 출간된 저자의 〈비즈니스는 스토리로 움직이게 하자〉를 서점에서 보고 처음 저자를 알게 되었습니다. 그 전까지 '스토리'라는 개념은 소설이나 영화, 드라마에서나 다루는 것이었죠. 경제경영서에 '스토리'를 접목한 저자의 접근이 매우 신선하게 다가왔습니다. 그 이후로도 〈가격, 품질, 광고로 싸우면 돈이 아무리 많아도 부족합니다〉, 〈내일 회사가 없어지더라도 내 이름으로 싸우지 않으실래요?〉 등의 도전적인 제목을 가진 책들을 출간하는 가와카미 씨를 지켜보며 언젠가 함께 책을 만들고 싶다는 생각을 했습니다.

생성형 AI
새로운 데이터를 생성하는 데 특화된 인공지능의 한 유형으로 스스로 학습한 알고리즘으로 사용자가 원하는 글이나 영상, 이미지를 만들어 주는 AI

기회는 의외로 빨리 찾아왔습니다. 한 출판 공부 모임에서 우연히 가와카미 씨와 만나게 되었습니다. 가와카미 씨는 당시 제가 편집한 〈문장력의 기본〉을 칭찬해 주시며 '캐치 카피'를 주제로 글을 쓰고 싶다고 말씀하셨습니다. 그동안의 책들이 주로 '스토리 브랜드 마케팅'에 관한 것이었지만, 이제는 본업인 카피에 관한 책을 내고 싶다고 말씀하셨습니다. 전문 카피라이터가 아닌 직장인이 비즈니스에서 활용할 수 있도록, 카피 쓰는 법을 알려주고 싶다고 하셨죠. 그렇게 이 책이 탄생하게 되었습니다.

지금까지 카피라이터, 광고 담당자, 기자, 편집자들이 주로 사용하는 기술을 직장인들이 응용할 수 있도록 쉽게 소개한 책은 없었기 때문에 이 책은 그 의미가 큽니다. 이메일이나 기획안, 블로그나 SNS 등에서 필요한 한 줄을 명쾌하게 써 내려가도록 돕는 책은 이 책이 유일합니다.

이 책은 한 번 읽기보다는 여러 번 읽기를 권해드립니다. 여러 번 읽다 보면 내 것이 됩니다. 10년 뒤, 20년 뒤에도 가치가 퇴색하지 않을 책입니다. 이 책이 여러분의 책장에 늘 자리 잡고 있기를 바랍니다.

〈캐치 카피〉 편집자 가와카미 사토시

/

바쁜 당신에게 꼭 필요한
'캐치 카피'의 매직을 선물합니다

언어는 모든 기업 활동의 중심에 있습니다. 이제부터

설명할 '캐치 카피' 능력은 수많은 직장인에게 꼭 필요

한 능력입니다. 카피라이터나 전문 기자가 아닌 직장인

을 위해 캐치 카피 쓰는 법을 안내하는 콘셉트는 일본

에서 14년째 크게 인기를 끌고 있으며 글쓰기 강좌도

활발하게 진행되고 있습니다.

　캐치 카피란 캐치프레이즈라고도 하며, 상대에게 전달하고 싶은 가장 중요한 메시지를 말합니다. 사람의 마음을 사로잡는 언어를 찾아 짧고 정확하게 표현하는 것, 그것이 '캐치 카피'입니다. 이 책은 매일 바쁘게 지내는 직장인들에게 카피 쓰는 법의 기본과 함께 캐치 카피를 작성하는 노하우를 간결하게 설명합니다.

　이 책에서 알려주는 캐치 카피는 기본적인 부분에 초점을 맞추기 때문에 다양한 분야에 활용할 수 있습니다. 좋은 캐치 카피는 광고와 판촉뿐만 아니라 마케팅 전략의 기획서, 매일 쓰는 이메일, 안내문, 웹콘텐츠, 보도자료, 블로그, SNS 게시글 등에서도 활용할 수 있습니다.

캐치 카피 능력의 장점은 글쓰기 분야에서만 국한되지 않습니다. 경영 전략, 사업 구축, 상품 개발 등 경영의 중심에 해당하는 이념과 목적, 비전을 끌어낼 수 있으며 리더십과 조직 운영에도 중요한 역할을 합니다.

생성형 AI에 맡기면 '그럴듯한 캐치 카피' 정도는 순식간에 수십, 수백 안을 만들어 주는 시대가 되었습니다. 제가 Chat GPT를 처음 접했을 때, 5년 뒤에는 프로 카피라이터의 80%가 사라질 것이라고 생각했습니다.

이런 시대일수록 양산되는 그럴듯한 카피가 아니라 인간 심리를 이해하고 '무엇을' '어떻게' 전달해야 인간의 마음을 움직일 수 있는지를 고민하는 한 줄이 더 큰 가치를 지닙니다.

부디 이 책으로 '순식간에 사람들의 마음을 잡고, 평생 활용하는 기술'을 익히길 바랍니다.

2024년 가와카미 데쓰야

카피라이팅

원래는 '광고문(copy)을 쓴다(writing)'라는 뜻으로
사람의 마음을 움직여 행동을 유도
하는 문장을 쓰는 기술을 말한다.

캐치 카피

카피 중 핵심 카피를 가리킨다. 보통은 짧은 문장이며
크게 표시한다. 영어로는 '헤드라인'
'캐치프레이즈'라고 쓴다. 일본에서는
'캐치 카피'라는 말을 더 자주 사용한다.

캐치 카피 능력

사람의 마음을 잡는 언어를 찾아, 이를 짧고 정확하게

표현하는 능력

카피라이터

본래 카피를 쓰는 사람을 의미한다. 저자는 '언어의

힘을 이용해 사람의 마음을 움직여 세상의 다양한

과제를 해결하는 사람'으로 정의한다.

CATCH COPY

캐치 카피 쓰기의
대전제

중요한 건 '어떻게' 말하느냐가 아니라
'무엇을' 말하느냐다.

데이비드 오길비 〈어느 광고인의 고백〉

1 강한 언어를 쓰자

캐치 카피를 쓸 때 가장 중요한 원칙은 '강한 언어'를 사용하는 것이다. 강한 언어는 그때그때 사용하는 사람과 장소와 시간에 따라 달라진다. 예를 들어 '파격가'라는 단어를 생각해 보자. 일반적으로 강하게 느껴지는 이 단어는 슈퍼마켓, 쇼핑센터, 인터넷 쇼핑몰에서 많이 볼

강한 언어

상대의 마음을 움직이는 단어나 문장

수 있으며 사람들의 발길을 멈추게 하고 관심을 끈다.
그러나 고급 호텔이나 명품 판매점에서 '파격가'라는 단
어를 쓰면 어떨까? 그동안 쌓아 올린 브랜드의 이미지
가 단숨에 무너질 것이다.

　책 제목에서 많이 사용하는 '마법'이라는 단어도 순식
간에 변할 듯한 이미지가 있어 강한 언어라고 할 수 있
다. 하지만 은행에서 쓰면 어떻게 될까? '마법의 정기 예
금'이라고 하면 단박에 의심이 가지 않을까?

2 어떻게 하면 언어에 '힘'을 담을 수 있을까?

이 단어를 쓰면 강한 언어가 된다? 이런 마법의 단어는 존재하지 않는다. 강한 언어는 사용하는 사람과 그 시점, 장소에 따라 달라진다. 그렇다면 어떻게 해야 언어에 '힘'을 담을 수 있을까? 언어를 강화하는 세 가지 원칙을 알아보자.

공기 카피*를 피하라

상투적인 언어와 일반화한 표현이 소비자의 귀에 닿는 일은 없다.

광고의 선구자로 알려진 클로드 홉킨스의 저서 〈홉킨스의 잘 팔리는 비밀〉에 나오는 말이다. 늘 써서 버릇되다시피 한 말을 상투어라고 한다. 프랑스어로 '클리셰'라고도 부른다. 원래는 신선하고 강한 언어였으나 너무 많이 사용되어 그 효력을 잃은 언어도 많다. 상투적이고

공기 카피
그 단어가 있든 없든 달라질 게 없는 공기 같은 존재의 캐치 카피를 가리킨다.

클리셰로 가득한 문장을 나는 '공기 같은 존재'라는 의미로 공기 카피라 부른다.

공기 카피는 업종에 따라 다르다. 예를 들어 식품 업계에서는 '고집하는', '엄선한', '정성을 다한', '까다로운'과 같은 말들이 상투적이다. 정보 시스템 업계에서는 '솔루션', '최적화', '상호 작용' 등이 공기 카피의 전형이라 할 수 있다. 이 밖에도 '세계', '미래' 같은 단어가 들어간 문장도 공기 카피에 해당한다. 이렇게 눈과 귀에 익은 상투어로는 사람들의 마음을 움직이지 못한다.

경쟁 업체에서 바로 써먹을 수 있는 캐치 카피는 거의 공기 카피다. 공기 카피로는 사람의 마음을 움직일 수 없다. 당연히 바라는 결과도 얻을 수 없다. 제대로 마음을 담은 '진심 카피'를 쓰겠다고 마음을 다잡고 실천하기만 해도 읽는 사람이 반응하는 강한 언어가 될 가능성이 크다.

언어의 화학 반응을 고려하라

강한 언어라고 하면 완전히 새로운 단어를 발명해야 한다고 생각하는가? 그렇지 않다. 각각의 단어가 평범하더라도 조합했을 때 화학 반응이 일어나 강한 언어가 될 때가 많다.

　인상에 남는 특별한 광고 카피도 알고 보면 평범한 단어를 조합해 화학 반응을 일으키는 경우가 많다. 또한 책, 영화, TV 프로그램, 노래 등의 제목에도 단어를 조합해 화학 반응을 일으키는 방법이 자주 사용된다.

‘모순 형용oxymoron’이 대표적인 언어의 화학 반응 중 하나이다. 모순 형용이란 수사법 중 하나로 모순이거나 상충하는 단어들이 결합하여 효과적인 표현을 만드는 방법이다.

다른 말로 형용 모순 혹은 모순 어법이라고도 한다. 영 단어 oxymoron은 고대 그리스어에서 유래했다. oxy는 날카로운sharp을 의미하며 moron은 저능아fool을 의미한다. 결국 ‘똑똑한 바보’라는 뜻으로 단어 자체에 모순이 드러나 있다.

셰익스피어의 〈맥베스〉에 나오는 마녀의 유명한 ‘Fair is foul, and foul is fair’(선한 것이 악한 것, 악한 것이 선한 것)라는 대사도 이 수사법을 사용한 것이다.

아래의 표현들도 모두 모순 형용이다.

급할수록 돌아가라

공공연한 비밀

지는 게 이기는 것이다

산 송장

작은 거인

침묵의 소리

달콤한 이별

이처럼 단어의 조합으로 화학 반응을 일으키면 '강한 언어'가 되고 그 결과 읽는 사람이 반응할 가능성이 커진다.

다음은 언어를 조합해 화학 반응을 일으키는 광고 카피와 제목의 예시이다.

맛있는 생활 세이부 백화점

어린이 점장 도요타 자동차

상상력과 몇백 엔 신초 문고*

역 앞 유학 NOVA*

마음도 가득 코스모 석유

미움받을 용기 책

편의점 인간 책

지지 않는 태양 책

전차남 책

춤추는 대수사선 영화

프라다를 입은 악마 영화

소림 축구 영화

상상력과 몇백 엔 (신초 문고)

일본 출판계는 단행본을 발매하고 나중에 문고판을 발매하는 관행이 있는데, 단행본이 1천 엔 이상이라면 문고판은 몇백 엔 정도. 같은 문학 작품을 저렴한 값에 읽고 상상력을 채우라는 의미에서 붙인 광고 문구

역 앞 유학 (NOVA)

일본 전국 280개의 학원을 소유한 어학원 브랜드. 학원 대부분이 역 앞에 있어서 접근성이 편리한 가장 가까운 역에서 어학을 공부하자는 의미를 담은 문구

리듬, 음률을 살린다

언어에 힘을 담아 강한 언어로 만들려면 리듬도 중요한 요소다. 소리 내어 말했을 때 편한 문장은 읽기에도 편하다. 특히 캐치 카피는 리듬이나 음률로 인상이 달라질 수 있다. 캐치 카피를 작성한 후 여러 번 소리 내어 읽으

면서 귀로 확인해 보자. 만약 귀에 잘 남지 않거나 머리에 들어오지 않으면 리듬감이 부족한 것이다. 리듬과 음률을 잘 살리는 방법에는 여러 가지가 있지만 대표적인 세 가지 방법을 소개하겠다.

1) 비슷한 단어를 3개 나열한다.

비슷한 단어를 3개 배열함으로써 리듬을 좋게 만들고 기억에 잘 남도록 하는 방법이다. 이는 세계 공통으로 적용되고 있다. 대표적으로, 고대 로마 시대, 율리우스 카이사르가 보낸 편지에 Veni, vidi, vici(왔노라 보았노라 이겼노라)라는 대목이 있다. 세 단어의 나열만으로도 많은 것을 말하는 유명한 문구이다. 그런 이유로 2천 년이라는 세월이 지나도 계속 거론되고 있다. 이 방법은 회사나 상품, 사람 등의 특징을 외우게 할 때 효과를 발휘한다.

다음은 3가지 단어를 배열해 기억에 남도록 한 문장
이다.

맛있다, 싸다, 빠르다 요시노야, 덮밥 전문점

맑고 바르고 아름답게 다카라즈카 음악학교

우정 노력 승리 주간소년점프*

┌

우정 노력 승리 (주간소년점프)

일본의 대표적인 만화 잡지인 주간소년점프의 편집 방침을
나타내는 문구로, 모든 작품에 적어도 하나씩 '우정', '노력',
'승리'의 주제가 등장한다. 대표작으로 〈슬램덩크〉, 〈조조의 기
묘한 모험〉, 〈원피스〉, 〈하이큐〉, 〈주술회전〉 등이 있다.

2) 운율을 따른다.

운율을 따른다는 것은 단어마다 소리를 비슷하게 맞춘다는 뜻이다. 비슷한 소리가 반복되면 리듬과 흥이 생긴다. 이 방법은 동서고금을 불문하고 시와 가사 등에 널리 사용됐다. 편안하게 이미지가 떠올라 기억에 쉽게 남기 때문이다. 이름을 기억하도록 하는 게 목적인 캐치카피에 특히 유용하다.

다음은 운율을 따르는 광고 카피의 예시이다.

인텔에 들어오래 인텔

바자르에서 하자고 NEC

세븐일레븐 좋은 기분 세븐일레븐

엄청나게 큰 도, 홋카이도 ANA 항공

3) 대구를 만든다.

대구란 어법이나 표현 형식이 동일하거나 유사한 두 가지 구문을 짝지어 배열하는 방식이다. 이는 시나 관용구에서 자주 사용된다.

아래의 표현들은 대구를 이용한 표현들이다.

허리띠는 짧게 어깨띠는 길게

앞문의 호랑이 뒷문의 늑대

침묵은 금 웅변은 은

비슷한 문장 두 개를 배열하면 각 문장이 두드러지고 리듬이 좋아져 문장이 다소 길더라도 기억에 잘 남는다.

다음은 대구를 이룸으로써 인상에 남도록 한 광고 카피의 예시이다.

아무것도 더하지 않아. 아무것도 빼지 않아 산토리 야마자키 위스키*

알몸을 보지마, 알몸이 되어라 파르코 패션 상업 빌딩 체인*

NO MUSIC, NO LIFE 타워레코드

아무것도 더하지 않아. 아무것도 빼지 않아 (산토리 야마자키 위스키)
2021년에 방송된 위스키 광고 문구. 어떤 첨가물도 넣지 않았으며 원재료에서 아무것도 빼지 않았다는 의미다.

알몸을 보지 마, 알몸이 되어라 (파르코 패션 상업 빌딩 체인)
1975년 파르코의 포스터 광고 문구. 당당한 여성을 표방하며 보이는 대상이 아니라 당당하게 알몸을 드러내는 여성상을 그려냈다. 폐관 후 다시 문을 연 파르코는 과거의 광고 문구를 활용해 요즘에는 '나는 알몸이 되지 않아'라는 광고 문구를 사용하고 있다.

강한 언어를 만드는 법

- ✔ 공기 카피를 피하라
- ✔ 언어의 화학 반응을 고려하라
- ✔ 리듬, 음률을 살린다

3 상류 카피인가, 하류 카피인가?

기업 경영의 흐름을 강이라고 생각해 보자. 가장 상류에 있고 모든 기업 활동의 이정표가 되는 메시지를 '상류 카피'라고 한다. 이는 기업 활동의 근본적인 가치나 가야 할 방향성을 나타내는 메시지이다.

기업이나 브랜드를 지탱하는 이념, 목적, 임무, 비전에

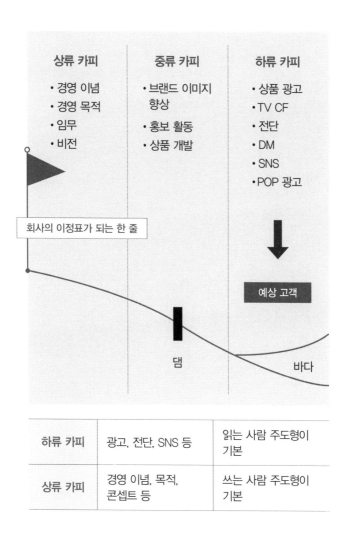

하류 카피	광고, 전단, SNS 등	읽는 사람 주도형이 기본
상류 카피	경영 이념, 목적, 콘셉트 등	쓰는 사람 주도형이 기본

캐치 카피 쓰기의 대전제

사용되어 태그라인이나 슬로건이라고도 불린다. 상류 카피는 기업의 관점을 중심에 두며, 의도한 목표를 명확하게 전달하는 쓰는 사람 주도형 캐치 카피이다.

바다는 예상 고객을 상징한다. 그들에게 직접 호소하는 메시지를 '하류 카피'라고 부른다. 광고나 TV CF, 전단이나 판촉물, POP 등은 이에 해당한다. 하류에서는 메시지가 어떻게 고객의 마음을 울릴지 고민하면서 고객의 관점에서 카피를 쓰게 된다. 즉 하류 카피는 읽는 사람의 입장에서 반응을 유도하는 문장이다.

기업 활동을 강의 흐름에 비유하면 상류 카피에서 전달된 메시지가 하류 카피를 통해 고객에게 더 깊은 의미로 전달되는 것이 이상적이다. 대기업에서는 캠페인, 브

랜드 메시지, 기업 광고 등에 사용되는 중류 카피도 필
요하지만, 기업 활동에서 가장 중요한 것은 상류 카피
다. 상류 카피는 회사의 미래 목표, 사회적 가치, 어려움
에 맞서는 각오를 명확히 보여주는 강력한 메시지여야
한다. 이러한 신념을 담은 상류 카피는 고객의 가슴을
두근거리게 하며, 브랜드의 정체성과 방향성을 알린다.

그러나 대부분의 직장인들이 자주 접하게 되는 것은
하류 카피이다. 고객의 마음을 직접적으로 울리는 메시
지를 전달하는 하류 카피는 회사와 고객 사이에서 중요
한 역할을 한다. 그래서 이 책에서는 하류에서 캐치 카
피 쓰는 방법에 집중해 5W 1H의 질문법으로 설명하고
자 한다.

그러면 이제부터 캐치 카피 쓰는 방법의 본론으로 들
어가겠다.

캐치 카피 쓰는 법

STEP 1. Why
캐치 카피의 목적

STEP 2. Who, When, Where
누구에게, 언제, 어디서 전할지를 결정한다

STEP 3. What to say
무엇을 말할 것인가?

STEP 4. How to say
어떻게 전달할 것인가?

CATCH COPY

1장

캐치 카피의 목적

Why

무엇보다도 헤드라인에는 반드시
'이익이 되는' 것을 담을 것.
상대가 원하는 것을 헤드라인에서 알릴 것.
이 규칙은 기본 중 기본이라 새삼 말할 필요도 없을 것이다.
그러나 매일 수많은 카피라이터가 이 규칙을 어기고 있다.

존 케이플즈 〈광고, 이렇게 하면 성공한다〉

1 대상을 철저하게 조사한다

카피를 쓰기 전, 제일 먼저 해야 할 일은 대상에 대한 철저한 조사이다. 현대 광고의 아버지라 불리는 데이비드 오길비는 저서 〈광고 불변의 법칙〉에서 이렇게 말했다.

자신이 판매할 상품에 관해 알면 알수록 좋은 아이디어가

떠오른다. 내가 롤스로이스 계약을 따냈을 때 3주 동안 이 차의 자료를 샅샅이 읽고 나서야 시속 100킬로미터로 달리는 신형 롤스로이스 안에서 가장 큰 소음이 전자시계 소리라는 카피를 떠올렸다.

이와 같이, 대상에 대해 철저히 조사하는 과정은 카피 작성의 첫걸음이다. 설명서를 읽는 데 그치지 않고 실제로 써보고 먹어봐야 한다. 상품을 파는 가게가 있으면 반드시 찾아가고 가능하면 제조 공장도 견학해야 한다. 현장에 가면 회의실에서는 얻지 못하는 정보를 알게 될 때가 종종 있다. 대상이 이벤트 안내문이나 기획이라도 마찬가지이다. 일단 철저히 조사하자.

실제로 이런 조사 과정에서 '이건 꼭 얘기해야겠다'라는 원석을 발견할 때가 매우 많다. '무엇을 말할 것인가'

라는 원석을 찾아내기만 하면 다음은 그것을 잘 다듬고

구체화하여 강렬한 메시지를 만들어내면 된다.

2 WHY에서 시작한다

가장 먼저 할 일은 캐치 카피를 쓰는 '목적'을 명확하게
정의하는 것이다. 목적이 명확하지 않으면 달성해야 할
성과가 무엇인지 알 수 없다. 캐치 카피를 쓰는 목적은
크게 다음 다섯 가지로 요약할 수 있다.

알게 한다.

흥미를 갖게 한다.

좋아하게 한다.

가치를 높인다.

사게 한다.

알게 한다

상품이나 서비스, 회사 이름을 인지하게 하는 것이 목적이다. 캐치 카피에는 회사나 상품 이름이 들어갈 때가 많다. 이는 리드미컬하게 계속 불러 기억에 남도록 하려는 목적이다. 이 방법은 목적과 직접적으로 연결되기 때문에 효과적이다. 1900년대에서 2000년대 초까지의 광고 카피에는 이런 스타일의 광고가 많이 있어 지금도 여전히 우리 기억에 남아 있는 카피가 있다.

다음은 회사나 상품 이름을 넣어 기억에 남도록 한 광고 카피의 예시이다.

콜록! 하면 용각산 용각산

깔끔하고 상쾌하게 코카콜라 코카콜라

재채기 3번이면 루루 3정 루루

파리파리파리, 모기모기모기, 긴초루 긴초루(해충 퇴치제)

흥미를 갖게 한다

광고는 소비자가 '이 상품은 무엇일까?'라는 흥미를 느끼게 해야 한다. 기사라면 독자가 본문을 읽고 싶도록 유도하는 것이 목적이다. 캐치 카피를 보고 더 알고 싶은 마음이 들게 해야 한다. 즉, 읽는 사람의 '호기심'을 자극하는 것이 중요하다.

다음은 상품에 흥미를 갖도록 유도해 결과적으로 홍보에 성공한 사례이다.

24시간 싸울 수 있습니까? 리게인(피로회복제)

속상한 일이 있었지만요. 다카라 츄하이 캔(탄산주)

또한 새로운 발견을 강조한 캐치 카피를 내세운 광고도 있다.

마흔은 두 번째 스무 살 이세탄(백화점)

남편은 건강해서 집에 없는 게 최고 긴초 공(의류용 방충제)*

그러나 새로운 발견을 강조하는 것만으로는 효과가 나지 않는 경우가 많다. 웹콘텐츠에서는 과장되고 오해가 될 만한 제목을 붙여 관심을 끌고, 클릭하게 만드는 경우도 많다. 이 방법은 단기적으로는 효과가 있을지 몰라도, 길게 보면 신용을 떨어뜨리므로 추천하지 않는다.

남편은 건강해서 집에 없는 게 최고 (긴초 공 의류용 방충제)
경제 성장기를 배경으로 한 광고로, 옷장은 긴초 공이 지킬 테니 남편은 건강하게 밖에 나가 일하는 게 최고라는 의미를 담고 있다.

좋아하게 한다

회사와 상품, 서비스를 좋아하게 하는 것이 목적이다. 공감의 메시지를 사용하면 좋다. 20년 전, 닛산자동차의 세레나 광고 카피는 '물건보다 추억'이었다. 이 캐치 카피는 자동차의 성능과 스펙은 전혀 이야기하지 않는다. 자동차의 기술보다는 패밀리카라는 감정에 호소해 세레나에 대한 호감도를 단숨에 높였다.

가치를 높인다

회사와 상품, 서비스의 가치를 높이는 게 목적이다. 1990년대 초, 대형 건설사 다이세이건설이 내놓은 캐치 카피는 '지도에 남는 일'이었다. 언어의 힘으로 '다리, 빌딩, 터널을 만드는 일'을 바꿔 말해 건설 회사의 가치를 높였다.

건설은 3K(힘들고, 더럽고, 위험하다라는 단어의 첫 글자가 일본어로는 다 K로 시작해 붙은 말-역자 주)라고 불리며 학생들에게 인기가 없었는데, 이 캐치 카피를 통해 업계의 가치를 높여 건설업을 지망하는 학생이 늘었다. 신문에서만 작게 시작한 캠페인이 건설에 관한 이미지를 완전히 바꿔버린 것이다. 이렇게 기업의 가치나 방향성을 나타내는 메시지를 상류 카피라고 한다. 기업의 의지를 드러내므로 쓰는 사람이 주도가 되는 캐치 카피이다.

사게 한다

상품을 사도록 하는 게 목적이다. 이벤트에 참가하게 하고 크라우드 펀딩에 참여하도록 하는 등 어떤 행동을 일으키는 것도 포함된다. 통신 판매나 웹광고, 세일즈 레터 등의 캐치 카피 대부분은 이 목적으로 쓴다.

앞의 네 가지의 목적으로 쓴 카피라도 최종 목적은 결국 사게 하는 것이다. 그렇지만 미디어에 실리는 광고 카피는 대놓고 사달라고 하기보다는 앞의 네 가지 이유를 목적으로 할 때가 많다.

3 하드 셀인가, 소프트 셀인가?

하드 셀Hard Sell과 소프트 셀Soft Sell은 카피라이팅의 두 가지 주요 접근 방식으로, 각기 다른 목표와 방식으로 소비자에게 접근한다.

하드 셀은 상품의 판매를 최종 목표로 하고 카피를 쓰는 것이다. 세일즈 카피라고도 하며 통신 판매, TV 홈쇼핑, 웹광고, 랜딩 페이지* 등 직접적인 반응이 필요한 광고에 많이 사용되는 게 특징이다. 상품의 장점을 통해 얻는 이득(베네핏*)을 직접적으로 주장해 그에 반응한 소비자가 구체적으로 행동하도록 유도한다.

랜딩 페이지 landing page
검색 엔진이나 광고 등을 통해 접속한 이용자가 처음 보는 웹페이지

베네핏 benefit
상품의 기능적 이익을 넘어 소비자의 인생에 어떤 이익을 주는지 초점을 맞춘다. 상품을 통해 얻을 수 있는 금전적 이익보다는 행복한 감정이나 만족도 등을 의미한다.

소프트 셀과 하드 셀의 특징과 장단점

소프트 셀(광고 카피)	
특징	베네핏을 간접적, 이미지로 호소 디자인 등 창의성을 중시
장점	본 사람의 기억에 쉽게 남는다. 대놓고 파는 느낌이 없다. 성공하면 단기간에 폭발적인 인지도를 얻는다. 발전성이 있다. (미디어나 SNS 등에 퍼질 가능성)
단점	매출 등의 성과와 연결된다는 보장은 없다. 비용 대비 효과를 검증하기 어렵다. 경로를 파악하기 힘들다. 막대한 경비가 든다.
해당 매체	TV나 라디오 광고, 신문 잡지 등의 언론 광고, 포스터와 교통 광고 등

하드 셀(세일즈 카피)	
특징	베네핏을 직접적으로 호소 클로징을 위한 구성
장점	목적이 명확하고 알기 쉽다. 매상과 직결된다. 비용 대비 효과가 명확하고 검증하기 쉽다. 경로 파악이 쉽다. 고객의 반응이 빠르다.
단점	자주 쓰면 고객의 신뢰를 잃기 쉽다. 금방 질린다. 발전성이 부족하다. (미디어나 SNS 등 파급력 부족) 고객이 떠나는 요인이 될 가능성이 있다.
해당 매체	통신 판매, 웹광고, TV 홈쇼핑, 세일즈 레터, 랜딩 페이지 등

하드 셀은 긴 문장이 될 때가 많고 작성 틀에 얽매이지 않는다. 기본적으로는 강하게 어필해 소비자가 당장 구매하거나 클릭해서 가입 페이지로 이동하는 것(클로징*)을 유도한다. '오늘만 특별가로 50% 세일', '지금 가입해야 모든 혜택 가능' 같은 카피는 하드셀의 전형적인 예다. 비용 대비 효과가 명확하고 실직적 결과를 얻을 수 있다.

소프트 셀은 상품의 이득을 간접적으로, 혹은 이미지로 전달하며 광고 카피라고도 한다. 광고 문구, TV나 라디오, 신문 등의 언론 광고, 포스터 등에서 이용한다. 최종 목표는 하드 셀과 마찬가지로 사게 하거나 이용하게

클로징 closing
제품 판매나 사업 참여를 확정 짓는 단계

하는 것이지만 접근 방식은 간접적이다.

일단 알게 하고, 관심을 가지게 한 후 기억하게 하는 것을 목표로 소비자가 품을 이미지를 중시한다. 카피를 본 사람이 바로 행동하게끔 하는 것이 아니라 그 사람의 기억에 남는 것을 목표로 하므로 열심히 판매를 권하는 것처럼 보이진 않는다. 감성적인 접근이나 창의적인 디자인을 중시하며 성공하면 단기간에 브랜드 인지도를 폭발적으로 높일 수 있다.

'하드 셀'처럼 직접적인 반응을 얻으려는 사람들은 '소프트 셀' 카피를 쓰레기통에 돈을 버리는 일이라 주장한다. 비용 대비 효과를 최대한 끌어 올려 매상을 올리려는 하드 셀을 선호하는 사람들이 보기에 소프트 셀의 언론 광고는 돈 낭비다. 명확한 효과를 알 수 없는데도 막대한 비용을 쏟아붓는다고 생각한다.

한편 소프트 셀 광고 카피를 선호하는 사람들은 하드 셀 카피를 그냥 무시한다. 대기업의 윤택한 예산을 바탕으로 창의력을 최대한 활용해 소비자에게 브랜드의 가치를 심는다고 자부한다. 그들이 보기엔 하드 셀은 너무 직접적이고 나대서 오히려 브랜드의 가치를 떨어뜨리며 눈앞의 매출에만 매달리는 것처럼 보인다.

참고로 1990년 후반까지 일본에서 캐치 카피라 하면 소프트 셀 광고 카피를 가리켰다. 그렇다면 우리는 어느 쪽 카피라이팅 방법을 배워야 할까?

진정한 캐치 카피 능력을 키우려면 두 가지 방법을 다 알아두는 것이 중요하다. 하드 셀의 이론을 완벽하게 알아둔 후 소프트 셀의 방법으로 카피를 쓸 줄 아는 것이 가장 이상적이다.

이솝 우화에 〈북풍과 태양〉이라는 이야기가 있다. 굳이 비유하자면 하드 셀이 북풍, 소프트 셀이 태양이라 할 수 있다. 어느 쪽이 여행자의 재킷을 벗길 수 있을까? 이 내기에서 태양이 이겼다는 것은 누구나 알고 있다. 그러나 사실 이 이야기에는 다른 이야기가 하나 더 있다. 여행자의 모자를 벗기는 내기이다. 태양이 아무리 강한 빛을 내리쬐어도 여행자는 모자를 더 눌러쓴다. 한편 북풍은 순식간에 여행자의 모자를 날려 버린다.

재킷을 벗기는 일에는 태양이, 모자를 벗기는 일에는 북풍이 최적이라는 것이다. 이 이야기를 통해 어떤 카피라이팅 기법을 사용할지는 상황에 따라 다르다는 것을 알게 되었다. 상황에 따라 유연하게 대응할 필요가 있다. 카피라이팅도 마찬가지이다. 판매 촉진이 필요한 순간에는 하드 셀을, 브랜드 이미지 구축이 필요한 순간

북풍(하드 셀) vs 태양(소프트 셀)

에는 소프트 셀을 사용하는 것이 이상적이다.

하드 셀과 소프트 셀, 최종 결과와 표현법은 달라 보이지만 작성하는 중간 과정에는 공통점이 많다. 이 책에서는 두 방법의 공통된 기술을 사용해 캐치 카피 쓰는 법을 설명하려 한다.

캐치 카피를 쓰는 목적

- ✔ 알게 한다
- ✔ 흥미를 갖게 한다
- ✔ 좋아하게 한다
- ✔ 가치를 높인다
- ✔ 사게 한다

CATCH COPY

2장

누구에게, 언제, 어디서
전할 것인가?

Who, When, Where

상투적인 언어와 일반화한 표현이
소비자의 귀에 닿는 일은 없다.

클로드 홉킨스 〈홉킨스의 잘 팔리는 비밀〉

1 누구에게 전할까?

목적 다음으로 생각해야 할 것은 누구에게 전할까이다.

일반적으로 '타깃을 설정한다'라고 부르는 과정이다. 타

깃을 설정할 때는 나이, 성별, 거주지, 직업 같은 일반적

속성으로 정하는 것을 권하지 않는다. 연봉, 취미, 가족

구성이라는 구체적인 프로필까지 나열해 가공의 고객

이미지(페르소나*)를 설정하는 일은 들인 시간만큼 이익이 나지 않는다. 가치관이 다양해진 현대에 비슷한 페르소나가 있다고 해도 해당 카피가 제대로 반응할지는 알 수 없기 때문이다. 상정한 타깃과 전혀 다른 고객층이 반응할 때도 있다. 제품을 이용하는 사용자층이 좁아져 버린다는 단점도 있다.

당신이 팔고 싶은 상품이 어떤 문제를 해결하고 어떤 사람을 행복하게 하는가를 생각하는 것이 무엇보다 중요하다. 우선 당신이 팔고 싶은 상품으로 문제를 해결하고 행복해질 사람을 떠올린다. 이어서 그 사람의 마음이 되어보는 것이다. 어떤 말을 들으면 그 사람의 마음이 움직일까를 생각하며 글을 쓴다. 이렇게 하면 읽는 사람은 개인적인 메시지처럼 느끼게 된다. 나를 알아주는 글, 내 마음을 읽은 듯한 문장을 쓰는 것이다. 받아들이는 사람이 마치 나에게만 보내는 메시지처럼 느낄 때 효과는 커진다. 눈앞의 한 사람에게 직접 말을 거는 듯한 캐치 카피를 쓰면 같은 고민을 하는 사람들의 마음까지 잡을 수 있다.

페르소나 persona

사회 역할이나 배우에 의해 연기되는 등장인물이다. 브랜드 이미지 설정을 위한 중요한 도구로 쓰인다. 당신이 마케팅하는 제품을 사거나, 살지도 모르는 가상의 인물을 뜻한다.

당신이 팔고 싶은 상품은 누구를 행복하게 하는가?

2 언제, 어디서 전할까?

당신이 쓴 카피를 언제, 어디서 독자에게 전할지도 중요하다. 다만 그것은 혼자 온전히 결정할 수 없을 때가 더 많다. 전하고자 하는 카피에 사람들의 마음이 가장 열려 있을 순간을 알아내야 한다.

이를테면 아침을 시작하며 새로운 기대감을 품을 때

나, 깊은 밤에 하루를 돌아볼 때 등 사람들이 메시지에 귀를 기울일 준비가 되어 있는지가 '언제'를 결정한다.

또 계절이 바뀌거나 연말연시 등 사람들이 새롭게 각오를 다지는 타이밍도 메시지를 전할 절호의 기회다. 사회적 이슈에 따라 타이밍이 바뀌기도 한다.

메시지를 주고받는 장소도 중요하다. 온라인에서는 SNS, 블로그 등 타깃이 자주 방문하는 플랫폼을 선택하는 것이 중요하다. 그 장소가 메시지를 주고받는 사람에게 어떤 영향을 줄지 상상하며 최적인 장소를 고르자.

카피를 전하는 '언제'와 '어디'를 생각할 때는, 당신의 메시지가 타깃의 일상생활에 자연스럽게 녹아들어 그들의 마음에 깊이 울리는 순간을 상상한다. 이 두 가지 요소를 잘 조합하면 캐치 카피는 단순한 정보 전달의 수단을 넘어 사람들의 감정에 호소해 행동하게 하는 강력한 도구로 변모한다.

당신의 카피가 사람들의 기억에 남아 마음을 울리는 메시지가 되려면 이런 요소를 잘 생각해야 한다. 또 이 과정에서 비슷한 상품의 캐치 카피를 다 확인한다. 아무리 좋은 카피라도 비슷한 것이 있다면 그것은 이미 강한 언어가 아니라 공기 카피가 될 가능성이 높기 때문이다.

Point

✓ 당신이 팔고 싶은 상품이 어떤 문제를 해결하고 어떤 사람을 행복하게 하는가를 생각하는 것이 무엇보다 중요하다

✓ 카피를 전하는 '언제'와 '어디'를 생각할 때는, 당신의 메시지가 타깃의 일상생활에 자연스럽게 녹아들어 그들의 마음에 깊이 울리는 순간을 상상한다

CATCH COPY

3장

무엇을 말할 것인가?

What to say

많은 단어를 쓰지 말고, 적은 단어로 많은 것을 말하라.

피타고라스

1 캐치 카피를 생각할 때 가장 중요한 것은 무엇일까?

효과적인 캐치 카피를 쓰기 위해서는 아래 두 가지의 합

이 가장 중요하다.

What to say? (무엇을 말할 것인가?)

How to say? (어떻게 전달할 것인가?)

일반적으로 캐치 카피를 쓰는 법이라고 하면 HOW(테크닉) 부분이 더 중시되는 경향이 있다. 하지만 HOW보다 중요한 게 WHAT(내용)이다.

캐치 카피를 생각할 때 가장 중요하고 기본적인 사고 방식이 있다. 그것은 읽는 사람에게 '나와 관련 있다'라고 생각하게 하는 것이다. 사람은 자신과 관계있는 정보라고 생각하면 귀를 기울인다. 반면 자신과 관계없다고 생각하는 순간 정보를 흘려보낸다.

인터넷 사회가 되고 정보가 비약적으로 늘어나면서 흘려보내는 정보가 많아졌다. 상대에게 전달하고 싶은 뭔가가 있을 때는 우선 그 정보가 '나와 관련 있다'라고 생각하게 만드는 것이 무엇보다 중요하다. 어떻게 내 마음을 읽는 듯한 문장을 쓴 걸까? 사람들은 날 알아주는 글에 흔들린다.

가장 중요한 점은 읽는 사람에게
'나와 관련 있다'라고 생각하게 하는 것

2 'What to say'로 이어지는 3가지 요소

무엇을 말하면 상대가 '나와 관련 있다'라고 느끼게 될까? 상대를 철저히 리서치한 후 다음 3가지 요소를 생각해 보자.

팩트(발견한 사실)

상품의 내용을 전할 수 있는 요소이다. 인간은 호기심에 약한 존재다. 새로운 발견과 놀라움을 제공하는 새로운 뉴스는 인간의 호기심을 건드린다. 사람들은 흥미가 생기면 '나와 관련 있다'고 생각하게 된다.

예를 들어 녹차 광고의 캐치 카피를 쓰는데 '국내산 찻잎만 사용'이라는 팩트만 적으면 '사고 싶다'라고 생각하는 사람은 아마 없을 것이다. 하지만 획기적인 상품이 처음 나왔을 때는 팩트만 전달해도 충분한 임팩트가 있다.

터치패널 스마트폰 iPhone

날개 없는 선풍기 다이슨

로봇 청소기 아이로봇

그러나 요즘처럼 새로운 상품이 계속 쏟아지는 시대에는 팩트만 전달해서는 발견과 놀라움을 제공하기는 매우 어렵다.

메리트(이점, 장점)

이익이 될 만한 것을 제시하는 것만으로 상품의 세일즈 포인트가 될 수 있다. '로봇 청소기'는 처음 발매되었을 때 매일 정해놓은 시간에 자동으로 청소한다는 사실만으로도 많은 사람의 관심을 끌었다. 그러나 현재는 비슷한 제품이 시장에 여럿 존재하므로 그런 팩트만으로는 그 상품을 고를 이유가 없다. 소비자가 그 상품을 선택할 만한 이점을 구체적으로 설명해야 한다. 예를 들면

'물걸레도 자동 세척', '문턱에 강하다.', '타사 제품보다 청소할 때 소리가 조용하다.' 같은 요소가 메리트가 된다. 이런 이점을 전함으로써 소비자가 그 상품이 필요한 이유를 쉽게 이해할 수 있다.

메리트를 내세우는 캐치 카피는 자주 만날 수 있다. 그러나 이 모든 게 반드시 소비자에게 '나와 관련 있다'라고 느끼게 한다는 보장은 없다. 그 메리트가 내게 어떻게 좋은지 이미지가 떠오르지 않기 때문이다.

베네핏(편익, 이익, 혜택)

팩트와 메리트만 주장해서는 좀처럼 '나와 관련 있다'고 느끼기 쉽지 않다. 여기서 중요한 요소가 '베네핏'이다.

베네핏은 사람마다 다른데, 많은 사람에게 공통된 부분이 있으면 반향을 기대할 수 있다.

메리트가 상품의 기능을 전하는 데 초점을 맞춘다면, 베네핏은 소비자의 인생에 어떤 이익을 주는지에 초점을 맞춘다. 이익이라고 하면 금전적인 부분을 제일 먼저 떠올릴 텐데, 여기서 말하는 이익은 행복한 감정이나 만족도 등 돈으로 헤아릴 수 없는 가치까지 포함된다.

베네핏은 '소비자의 행복'이다. 내가 행복해질 정보가 실려 있다면 당연히 누구나 진지하게 읽을 것이다. 베네핏은 크게 2종류로 나눌 수 있다.

1) 기능적 베네핏

상품 구매 시 얻는 구체적 행복

(가사 부담 경감, 시간적인 여유, 사용의 편리함 등)

팩트, 메리트, 베네핏의 예시

	유기농 순면 100% 티셔츠
팩트	유기농 순면 100%
메리트	감촉이 좋다. 친환경적이다.
베네핏	민감성 피부인데, 따갑지 않아서 다행이다. 잠옷으로도 입을 수 있고 오랫동안 입을 수 있다. 다른 사람이 물어보면 온갖 정보를 댈 수 있다. 친환경이라 지구에 좋은 일을 한 기분이 든다. 좋은 일을 하고, 그 정보를 아는 내가 멋진 사람 같다.

2) 감정적 베네핏

상품 구매 시 얻는 무형의 행복

(명품을 갖게 되었다는 우월감, 힘든 집안일에서 해방
된다는 안심 등)

베네핏을 주장하는 방법은 기획이나 프레젠테이션에
도 응용할 수 있다. 상사에게 기획을 제안할 때 이 기획
의 장점인 메리트를 주장하기보다는 이 기획을 채용하
면 회사가 얼마나 행복해지는지를 강조할 때 내 제안이
채택될 가능성이 훨씬 높아진다. 상사도 그편이 '나와
관련 있다'고 생각하기 쉽기 때문이다.

다만 베네핏을 주장하는 게 어려운 점도 있다. 사람마
다 행복하다고 느끼는 부분이 저마다 다르기 때문이다.

예를 들어 로봇 청소기의 경우, '청소를 로봇이 해줘서 아이와 함께할 시간이 늘어났다.'라는 점을 호소하면 아이가 있는 가정에서는 효과적일 수 있으나 아이 없는 가정에서는 전혀 감흥이 없다.

3 인사이트에서 베네핏으로 이끄는 방법

베네핏을 찾으려면 소비자의 '인사이트*'를 상상해야 한다. 인사이트란 소비자의 숨겨진 욕구, 숨은 진심을 의미한다. 프로 마케터도 인사이트 찾는 일은 쉽지 않다. 설문조사나 그룹 인터뷰를 통해서는 숨은 진심을 끌어낼 수 없기 때문이다.

예를 들어 고객에게 명품 가방을 갖고 싶은 이유를 물었다고 치자. 표면적으로는 '디자인이 좋아서'. '기능이 마음에 들어서'라는 답이 돌아올 것이다. 그러나 실제로는 '다른 사람들이 나를 좋게 봐주니까', '좋은 물건을 들고 다닌다는 평가를 받고 싶어서'가 숨은 진심일 때가 많다. 본인조차 이를 인식하지 못할 때가 많으므로 곧바로 그 진심에 도달하기는 어렵다. 따라서 캐치 카피를 이용해 소비자의 숨은 진심을 끌어낼 수 있다면 아주 효과적이다.

인사이트 insight

통찰력이란 뜻으로 일상적인 관찰과 사고를 넘어선 근본적인 이해와 발견을 의미한다. 시장의 변화를 예측하고 새로운 비즈니스 기회를 발견하는 데 중요한 역할을 한다. 소비자의 숨겨진 욕구, 숨은 진심을 의미한다.

우수한 영업 사원은 순식간에 고객의 인사이트를 파악한다.

이는 내가 각 장르에서 최고의 판매 실적을 올린 사람들을 취재하며 얻은 교훈이다. 우수한 영업 사원은 고객과 잠깐 수다를 떨며, 상대의 인사이트를 파악해 그와 관련된 베네핏(샀을 때의 행복)을 알린다. 고객과 대화할 때 상품 성능과 기능 이야기(메리트)는 거의 하지 않는다. 고객의 인사이트를 제대로 파악하고 그 사람이 원하는 베네핏을 직감적으로 발견한 다음, 언어로 표현해 잘 전달하는 사람이 '잘 파는 사람'이자 '우수한 영업 사원'이다.

즉, 우수한 영업 사원은 고객의 베네핏을 말하고, 무능

한 영업 사원은 팩트와 메리트를 말한다. 영업 사원이라면 대화하면서 고객의 인사이트를 발견할 수 있는데, 캐치 카피는 고객의 인사이트를 상상하며 써야 한다.

우수한 영업 사원은 순식간에 고객의 인사이트를 파악한다.

4 '나와 관련 있다'라고 생각하게 하는 5가지 형식

지금까지 설명한 세 가지 요소인 팩트, 메리트, 베네 핏을 다 파악한 후 캐치 카피를 쓰려고 한다. 소비자들 이 '나와 관련 있다'라고 느끼게 하려면 어떻게 해야 할 까?

일단 베네핏을 중심으로 생각하는 게 중요하다. 미국

인터넷 판매의 전설적 카피라이터 존 케이플즈는 저서 〈광고 이렇게 하면 성공한다〉에서 효과적인 캐치 카피의 요소로 다음의 3가지를 꼽았다.

이득이 되는 것(베네핏)

새로운 정보

호기심

이중에서 가장 효과적인 내용은 베네핏이다. 호기심에 호소하는 것에는 실패도 많다.

이 책에서는 베네핏을 중심으로 다음 5가지 접근법을 추천한다.

베네핏 형식

소비자가 상품이나 서비스를 이용하면 어떤 행복을 얻을지를 강조한다. 카피에 읽는 사람의 행복을 넣는 것이 중요하다. 다음은 베네핏 형식의 캐치 카피이다.

입에서는 녹는데 손에서는 안 녹아요. M&M's 초콜릿

날개가 없다, 그래서 안심 다이슨 선풍기

맛은 레스토랑처럼, 만드는 건 인스턴트처럼
가야노야 육수 전문 기업

한눈에 진심이 아님을 아는 초콜릿 블랙썬더

부정적 베네핏 형식

소비자가 상품을 사용하지 않을 때 발생하는 손실이나 불편, 불행을 부정적 베네핏이라 부른다. 사람들은 손해가 될 정보에 민감하다. 이득이 되는 정보보다 손해가 되는 정보에 더 강하게 반응하고 어떻게든 회피하려는 특징이 있다. 기본적으로 집단 생활하는 인간은 주위의 미움을 받는 일에 민감하다. 이 상품을 사용하지 않으면 주위와 멀어질 수 있다는 접근도 부정적 베네핏이다.

70세부터 손해 보지 않으려면 지금 '해야 하는 일' 주간 현대

'쓰면 손해 보는' 금융 상품 주간 SPA!

오류투성이 '노후 불안' 주간 SPA!

뉴스 형식

새로운 정보는 그것만으로도 가치가 있고 사람들을 끌어당긴다. 왜냐하면 인간의 뇌는 새로운 정보를 쾌감으로 받아들이는 특성이 있기 때문이다. 당신의 상품이 이전엔 없었던 '새로운 팩트'가 있을 때나 경쟁사보다 명백하게 '뛰어난 메리트'가 있을 때는 뉴스 형식으로 발신하면 큰 효과를 볼 수 있다. 또 정보가 그렇게까지 획기적이지는 않더라도 뉴스 형식으로 발신해 어느 정도 효과를 볼 때도 있다.

뉴스 형식에 다음과 같은 표현이 들어가면 정보가 강조되어 읽는 사람의 인상에 쉽게 남는다.

① 처음, 최초, 새로운, 발견 등을 넣는다.

② 구체적인 날짜와 요일을 넣는다.

③ 드디어, 마침내, 기다리고 기다리던 등의 단어를 넣는다.

④ 화제의, 기대한 등의 단어를 넣는다.

⑤ 발표, 공표, 선언, 고백, 속보 등의 단어를 넣는다.

⑥ 특별히, 지금이라면, 이걸로 마지막 등의 단어를 넣는다.

인터넷에서는 이런 뉴스 형식을 채용한 캐치 카피가 범람하고 있어 많은 사람이 불감증에 빠져 있다. 내용과 너무 동떨어진 채 뉴스성만 강조하는 것은 장기적으로 좋은 방법은 아니다.

인사이트 대변 형식

읽는 사람의 마음속에 있는 감정과 생각을 그대로 언어로 전하는 스타일이다. '나와 관련 있다'라고 생각하게 하려면 무엇보다 읽는 사람의 입장에서 생각하는 것이 중요하다. 상대가 속으로 생각하는 진심인 인사이트를 그대로 문장으로 만들면 '나와 관련 있다'라고 생각하기 쉽다. 그다음에 언어를 전달하는 쪽의 제안을 쓰면 훨씬 쉽게 받아들인다. 여성 잡지의 특집 기사에 이런 형식이 자주 쓰인다.

다음에 제시한 잡지 특집기사 제목은 인사이트 대변 형식을 취한 것이다.

'오늘 나 좀 멋지네'라는 실감, 더 원해! VERY

40대 '우리는, 아직 그렇지 않아!' 선언!! STORY

아이의 수학 성적보다 입고 싶은 원피스를 생각하고 싶어!
STORY

타깃 호소 형식

캐치 카피를 쓸 때는 최대한 많은 사람에게 호소하는 한 줄을 쓰려고 한다. 그러나 그렇게 해서는 누구의 마음도 잡을 수 없다. '나와 관련 있다'라고 생각하지 않기 때문이다. 호소할 대상을 줄이면 줄일수록 '나와 관련 있다'라고 생각하기 쉽다. 타깃을 줄이는 방법은 크게 나누면 속성과 내면 요소(인사이트) 2가지다.

1) 속성

속성은 성별, 나이, 직업, 거주지, 소속, 신체적 특성 등을 말한다. '40대 이상, 신주쿠에 사는 당신'으로 대상을 좁히면 그에 해당하는 사람은 '나와 관련 있다'라고 쉽게 생각한다. 다음은 속성을 강조한 잡지의 특집 기사이다.

워킹맘의 봄 단장 바이블 VERY

40대 패션은 '키 1cm마다' 답이 있다! STORY

50대에 추천! 돈이 들지 않는 '어른들의 취미 18선'
Re라이프넷

2) 내면 요소(인사이트)

고민, 가치관, 바람, 사상 등의 내면적인 요소로 좁히는 것도 '나와 관련 있다'라고 생각하기 쉽다. ○○로 고민하는 당신'이라고 외치고 그 문제를 해결할 상품의 베네핏을 소개한다. 이처럼 읽는 대상을 좁히고 베네핏을 전하면 그냥 소개할 때보다 '나와 관련 있다'라고 느낄 가능성이 크다. 속성이나 인사이트로 대상을 좁힌 다음 행동을 유발하는 문장을 넣으면 더 효과적이다.

정신 차리고 보면 책상이 엉망인 당신에게

지금, 등교 거부 아이 때문에 걱정하는 당신에게

어휘력 없이 사회인이 되어 버린 당신에게

Point

'What to say'로 이어지는 3가지 요소

- ✓ 팩트(발견한 사실)
- ✓ 메리트(이점, 장점)
- ✓ 베네핏(편의, 이익, 혜택)

'나와 관련 있다'라고 생각하게 하는
5가지 형식

- ✔ 베네핏 형식
- ✔ 부정적 베네핏 형식
- ✔ 뉴스 형식
- ✔ 인사이트 대변 형식
- ✔ 타깃 호소 형식

CATCH COPY

4장

어떻게 전달할 것인가?

How to say

소비자는 카피라이터가 쓴 엄청난 찬사보다
자기와 같은 사람이 쓴 추천 글을 더 쉽게 받아들인다.

데이비드 오길비 〈광고 불변의 법칙〉

1 'What to say'를 이용해 카피 쓸 때 주의점

앞에서 설명한 '무엇을 말할 것인가'를 실제로 카피로 만드는 '어떻게 전달할 것인가'의 과정에서 조심해야 할 것이 있다. 카피라이터는 전달해야 할 메시지에서 벗어나지 않도록 주의해야 한다. 표면적인 재미에 너무 집중하면 핵심 내용이 빠질 수 있다.

이는 프로 카피라이터들이 모여 광고를 제작하는 현장에서도 빈번히 일어나는 일이다. 광고주가 'What to say'를 전하고 싶어서 오리엔테이션을 하고 있는데 광고사의 제작자가 완전히 다른 내용의 아이디어를 제안할 때가 있다. 광고사의 크리에이터는 크리에이티브 점프*가 가장 중요하다고 주장할 수 있다. 물론 그 과정을 통해 정말 눈부시고 새로운 표현이 나타나 새롭게 'What to say'가 생길 수도 있다. 그러나 대부분은 공허한 외침으로 끝나기 마련이다. 아무리 좋은 느낌의 캐치 카피라도 전달해야 하는 메시지가 들어 있지 않으면 목적을 달성할 수 없기 때문이다. 이런 사태를 막으려면 일단 쓴 카피에 'What to say'에서 생각한 내용이 제대로 들어 있는지를 확인하는 게 중요하다.

미국의 전설적인 카피라이터 헬 스테빈스는 저서 〈카

피 공부〉에서 다음과 같이 말했다.

괜찮은 것 같으면 애써서 고칠 필요 없다. 고치고 덧붙일수록 나빠질 확률이 높다.

즉, 좋은 What을 발견하고 그 내용을 고스란히 전달할 수만 있다면 굳이 '어떻게 전달할 것인가'를 생각할 필요가 없다는 뜻이다.

크리에이티브 점프 creative jump
쌓아 올린 논리를 창의력으로 비약하게 해 새로운 차원의 아이디어를 만들어 내는 일

2 캐치 카피의 다양한 전달 방식

그렇다고 'How to say'가 불필요하다는 뜻은 결코 아니다. 전달 방식을 잘 선택하면 그중 효과적인 캐치 카피를 만들 수 있다. 'How to say'의 표현 형식은 매우 다양하다. 가장 많이 사용되는 형식은 단언형과 질문형이다. 그렇다면 어떤 상황에서 단언형과 질문형을 사용하면 좋을까? 한 심리학 실험에 따르면, 그 상품에 강한 흥미를 느낄 때는 단언형이 효과적이고, 반대로 관심이나 흥미가 없을 때는 질문형이 더 효과적이라고 한다.

단언형 캐치 카피

받아들이는 사람의 마음을 움직이려면 명확하고 단호하게 말하는 것이 중요하다. 단언형은 강하고 인상적인 문장이 된다. 물론 단언형 캐치 카피는 발신자에게는 일종의 위험부담이 될 수 있는데, 그런 위험부담을 인정하고 단언해야 받아들이는 사람에게 메시지가 직접적이고 강하게 전달된다.

위험을 감수하고 단언하면
메시지가 간결하고 효과적으로 전달된다

단언의 6가지 방법은 다음과 같다.

1) 압축해서 단언한다.

말하고 싶은 내용을 압축해 간결하게 단언하는 방법
이다. 메시지가 받아들이는 이의 뇌에 직접적이고 빠르
게 전달되어 강한 인상을 남긴다.

다음은 압축된 단언형 예시들로, 당시 큰 화제를 모
았다.

큰 게 좋은 거야 모리나가 YELL 초콜릿

좋아하니까 줄게 마루이

감기는 사회의 민폐 벤자에이스 호흡기 감염 치료제

언젠가는 크라운 도요타자동차

2) 예언하고 단언한다.

미래에 일어날 일을 예언하고 단언하는 방식이다. 미래는 불확실하지만, 예언하고 단언함으로써 사람들은 '정말 일어날지도 몰라'라고 생각을 하게 된다. 이런 종류의 예언은 인간의 상상력을 자극해 메시지를 끌어당긴다.

다음에 제시한 잡지의 특집 기사 제목은 예언하고 단언함으로써 강력한 표현이 되었다.

회사원의 90퍼센트는 과장이 되지 못한다! 주간 SPA!

우리 모두 바보가 된다! '스마트폰 중독'의 비극 주간 SPA!

40대, 피부 문제를 3번 겪는다! 아름다움 ST

3) 조건을 달고 단언한다.

어떤 일에 조건을 달아 '이 일을 제대로만 하면 틀림없이 이런 미래가 기다린다'라는 내용을 단언한다. 이런 형태의 단언은 매우 설득력 있다.

다음에 제시한 책 제목은 조건을 달고 단언함으로써 강력한 표현이 되었다.

〈체온을 올리면 건강해진다〉

〈뇌를 최적화하면 능력은 2배가 된다〉

〈엉덩이 근육을 단련하면 평생 걸을 수 있다〉

4) 위협하며 단언한다.

사람의 불안과 공포를 자극해 단언하는 방법이다. 건강, 콤플렉스, 돈, 자연재해, 노후, 경제 등 많은 사람이 불안해하는 요소를 짚어 강한 인상을 남긴다. 다만 위협은 고상한 방법이 아니므로 반드시 필요한 경우에만 사용한다.

다음에 제시한 잡지의 특집 기사 제목은 위협하며 단언함으로써 강력한 표현이 되었다.

물류 기사가 사라지는 날 주간 도요경제

인력 부족이 일본을 망친다 니케이비즈니스

50대가 회사를 망하게 한다 주간 SPA

5) 명령하며 단언한다.

사람은 명령을 받으면 반발하기도 하지만, 한편으로 명령받기를 바라는 심리도 가지고 있다. 경쟁이 심한 상품에는 일부러 명령형을 이용해 사람들의 마음을 자극할 수 있다.

다음에 제시한 책 제목은 명령해 단언함으로써 강력한 표현이 되었다.

〈사소한 일에 집착하지 마라!〉

〈그래도 역시 사람을 사랑하세요〉

〈1분 안에 말해라〉

〈빵집에서 주먹밥을 팔아라〉

6) 상식을 뒤집어 단언한다.

사람은 상식에 반하는 이야기를 들으면 의문을 품고 그 답을 알고 싶어 한다.

다음 광고 카피는 상식을 뒤집음으로써 호기심을 자극해 강력한 표현이 되었다.

제군들, 학교를 졸업하고 공부하자 일본경제신문

돈을 내서라도 빈축을 사라 겐토샤 문고*

돈을 내서라도 빈축을 사라 (겐토샤 문고)
'성공하려면 사서 욕을 먹어라'라는 뜻. 평범한 일을 성실하게 해서는 성공하기 힘들다. 전설이 되어야 한다. 그리고 전설은 빈축을 사는 일부터 시작된다는 뜻이다. 상식을 깨야 성공적인 길이 열린다는 뜻을 자극적으로 드러낸 제목이다.

질문형 캐치 카피

소비자가 스스로 답을 찾도록 유도하는 방식이다. 사람은 어떤 질문을 받으면 '자연스럽게 그 해답을 찾으려는' 습성이 있다. 그 습성을 활용해 상대에게 질문을 던지거나 말을 걸어 '나와 관련 있다'라는 생각이 들게 하는 방법이다.

1) 질문을 던진다.

본질적인 질문이나 일상생활에서 당연하다고 생각해온 일에 의문을 제기한다. 이렇게 의문을 제기하면 사람들이 평소 의식하고 있지 못했던 버릇이나 관습을 되돌아보게 되어 내용에 관심을 가지게 된다.

다음의 광고 카피는 본질적인 의문을 던져 당시 화제

가 되었다.

왜 나이를 묻나요? 이세탄 백화점

사랑을 몇 년이나 쉬셨나요? 이세탄 백화점*

왜 내가 도쿄대에? 요쓰야 학원*

사랑을 몇 년이나 쉬셨나요? (이세탄 백화점)

사랑을 잊으신 건 아닌지요? 사랑을 잊고 꾸미는 것도 잊고 사는 것은 아닌지요? 소비자에게 사랑이라는 단어를 통해 자신을 꾸미는 물건을 사도록 유도한다.

왜 내가 도쿄대에? (요쓰야 학원)

대입 전문 교육 기관 요쓰야 학원의 취재 협력을 얻어 2008년부터 발간된 인기 시리즈. 평범한 성적의 학생이 이 학원의 특수한 교육과정을 통해 어렵기로 소문난 대학에 붙은 과정을 소개한다. 도쿄대에 이어 와세다대, 교토대 등 유명 대학 편이 시리즈로 나왔다.

2) 양자 선택으로 밀어붙인다.

받아들이는 사람은 양자택일의 상황에 놓이면 둘 중 하나를 선택하려고 한다. 또 받아들이는 사람이 골라주기를 바라는 선택지를 매력적으로 보이게 하면 내가 바라는 선택지를 고를 확률이 커진다.

다음 광고 카피는 양자택일을 요구하는 방법이다.

읽고 나서 볼까, 보고 나서 읽을까? 영화 〈인간의 증명〉

각성제를 끊으실래요? 아니면 인간이기를 그만둘래요?
마약 박멸 캠페인

3) 친근하게 말을 건다.

이 방법은 받아들이는 사람의 개인적인 감정과 상황에 호소해 공감과 신뢰를 끌어내는 게 목표이다. 친근하게 말을 걸면 '맞아, 맞아! 내 마음을 알아주다니, 고마워!'라는 느낌을 받는다. 예를 들어 도수치료를 하는 병원 앞 간판에 '그 요통, 포기하고 있지는 않나요?'라고 쓰여 있다면 요통에 고민하는 사람이라면 반드시 관심을 가지게 될 것이다. 슈퍼마켓 냉동식품 판매대 앞에 '매일 싸야 하는 도시락 반찬, 너무 고민되지 않나요?'라는 문구가 있다면 '맞아!'라고 생각하는 사람이 많을 것이다.

4) 정보를 숨긴다.

질문을 던지는 것은 아니지만 의문을 품게 한다는 의미에서 '되묻는 스타일'로 분류해 소개한다. 핵심 정보를 숨기면 오히려 '그게 뭔데?'라는 생각이 들며 의문을 해결하고 싶어진다. 이 방법은 인터넷 뉴스 제목이나 신문의 TV 프로그램 소개에서 자주 볼 수 있다. 숨긴 정보는 대부분 그리 대단한 정보도 아닌데, 사람은 정보를 숨기면 그 정보를 알고 싶어진다.

다음은 정보를 숨기는 방식으로 쓰인 신문의 TV 프로그램 광고 카피다.

대 여배우의 고백

아이돌 A, 금단의 놀이에 첫 도전

역에 의문의 ○○○집단이

숫자형 캐치 카피

숫자는 신빙성과 구체성을 높여 주는 강력한 도구다.

'숫자가 증명한다'라는 말처럼 숫자에는 사람을 사로잡는 힘이 있다. 숫자를 넣는 방법은 크게 세 가지로 나눌 수 있다.

① 신빙성을 높이고 싶을 때는 최대한 숫자를 적게

② 임팩트를 주고 싶을 때는 최대한 숫자를 또렷하게 강조

③ 걸린 시간을 강조

다음은 숫자를 효과적으로 활용한 광고 카피의 예시다.

본격 드립 커피가 한 잔에 19엔 브릭스

1억을 써도 아직 2억 드림정보복권

현관을 열고 2분이면 밥 사토식품

추천형 캐치 카피

미리 사용해 본 소비자의 실제 후기를 사용하는 형식이다. 또한 권위 있는 사람의 추천이나 수상 경력도 효과가 크다. 전설적인 카피라이터 데이비드 오길비는 그의 저서 〈광고 불변의 법칙〉에서 이렇게 말했다.

카피는 항상 추천문이어야 한다. 독자는 익명의 카피라이터가 쓴 어마어마한 칭찬보다 자신과 같은 소비자가 쓴 추천을 더 쉽게 받아들인다.

3 조정과 선택 그리고 검증

조정

같은 의미를 가진 단어라도 사용하는 단어에 따라 그 이미지가 달라질 수 있다. 한자 溫은 따뜻하다, 따숩다, 훈훈하다 등 여러 가지 단어로 표현될 수 있다. 일본어에

서도 溫, あたたかい, アタタカイ 등으로 쓰이며, 단어의 선택에 따라 이미지가 달라질 수 있다.

캐치 카피를 작성할 때 이러한 차이를 인식하고, 목적에 맞는 가장 적합한 단어를 선택하는 것이 아주 중요하다. 일단 캐치 카피를 쓴 다음에 비슷한 단어들을 모두 조합해 써보길 권한다. 여러 조합을 시도하다 보면, 그중에서 가장 적합한 표기를 찾을 수 있다.

선택

'How to say'의 다양한 형식으로 쓴 캐치 카피 중 무엇을 선택할지도 중요하다. 애써 좋은 캐치 카피를 썼는데 제대로 선택하지 못하면 의미가 없다. 일단 3장에서 정한 'What to say'가 정확히 반영되었는지 점검한다.

소리 내서 읽어보라. 소리 내서 읽기 쉬운 카피는 눈으로도 잘 읽힌다. 그리고 1장의 목적을 확인한다. 원래 목적에서 벗어나진 않았는지, 캐치 카피로 목적을 달성할 수 있는지가 가장 중요하다.

달성이 어려울 것 같으면 다시 작성해 본다. 단언형과 질문형 중 어느 쪽으로 접근하는 게 좋을지 다시 생각해 선택한다.

검증

세상에 나온 캐치 카피는 최대한 그 효과를 검증해야 한다. 그리고 개선의 여지가 있으면 개선해 다음 기회에 더 나은 카피를 시도할 수 있다. 이 책에서 여러 번 인용한 존 케이플즈의 〈광고 이렇게 하면 성공한다〉의 원제는 'Tested Advertising Methods', 즉 검증된 광고 기법이다. 이 책에서는 카피라이팅을 성공하게 하는 열쇠는 모든 요소를 끊임없이 검증하는 데 있다고 여러 번 강조한다.

CATCH COPY

5장

실전 적용

카피라이팅을 성공하게 하는 열쇠는
모든 요소를 끊임없이 검증하는 데 있다.

존 케이플즈

마지막으로 가상의 상품을 이용해 캐치 카피를 작성하는 과정을 시뮬레이션해 보자. 다양한 업종에 있는 분들에게 도움이 되도록 가상의 B2B 상품을 예로 들겠다.

상품명 | 영업 지원 시스템

개요(팩트 & 메리트)

- 고객 데이터를 축적해 분석할 수 있다.
- 개별 영업 사원의 안건과 영업 진행 상황을 한눈에 볼 수 있다.
- 각 영업 사원의 경험을 모두와 공유할 수 있다.

STEP 1 캐치 카피의 목적

'영업 지원 시스템'을 신규 기업에 판매한다.

STEP 2 누구에게? 언제? 어디에서?

(누구에게?) 영업 사원이 많은 중소기업 경영자에게

(언제? 어디서?) 전시회 비즈니스 상담 때 비치할
팸플릿에서

STEP 3 무엇을 말할 것인가?

중소기업 경영자의 인사이트 예시

- 회사 전체의 영업 실적을 더 올리고 싶다!
- 왜 똑같은 상품을 파는데 영업 사원에 따라 이렇게
  매출이 다를까?
- 각 영업 사원의 개인적인 경험을 공유할 수 있다면
  좋겠다.

• 최고 실적을 내는 영업 사원의 경험을 공유하면 영업 실적도 증가할 것이다.

중소기업 경영자의 베네핏 예시

• 영업을 한눈에 파악할 수 있게 되면 보이지 않던 부분까지 명백해진다.
• 최고 실적을 내는 영업 사원의 경험을 모든 영업 사원에게 공유할 수 있다.
• 대폭적인 영업 실적 상승을 기대할 수 있다.

반드시 이야기해야 하는 'What to say'의 예시

베네핏을 호소한다.
'이 시스템을 사용하면 최고 영업 사원의 경험을 전체 영업 사원과 공유할 수 있다.'

STEP 4 어떻게 말할 것인가? How to say

이야기해야만 하는 'What to say'를 각 스타일에 맞춰 충실히 작성해 본다.

1. 단언형 캐치 카피

최고 영업 사원의 경험을 공유할 수 있으면 영업 실적이 대폭 상승한다.

2. 질문형 캐치 카피

최고 영업 사원의 경험을 전체 영업 사원과 공유하실래요?

3. 숫자형 캐치 카피

20년차 최고 영업 사원의 경험이 단 하루 만에 전체 영업 사원에 공유된다.

4. 추천형 캐치 카피

최고 영업 사원의 경험을 전체 영업 사원에게 공유할 수 있게 되니 우리 회사의 오랜 염원이 드디어 이루어졌습니다!

✓ 선택

회사의 지명도가 낮아 상품의 신뢰성도 낮다면 강하게 단언하기보다 질문형을 캐치 카피로 채택한다.

최고 영업 사원의 경험을 전체 영업 사원과 공유하실래요?

소비자와 권위자의 추천 형식의 카피는 고객의 목소리로 전단 아래에 배치한다.

✓ 조정

'영업 사원'이 반복되면 조금 답답하게 느껴질 수 있다.
전체 영업 사원과 → 회사와

✓ 결정

최고 영업 사원의 경험을 회사와 공유하실래요?

✓ 검증

문의가 얼마나 왔나?

얼마나 수주했는지?

결과가 예상보다 부족하다면, 인사이트를 다시 점검
해 본다.

에필로그

/

30대의 나에게 이 책을 선물하고 싶습니다

이 책을 읽어 주셔서 감사합니다. 이 책은 '상대의 마음을 움직이는 캐치 카피를 쓰고 싶은 당신'을 위해 썼습니다. 그런데 한 사람 더 읽었으면 하는 사람이 있습니다. 카피라이터의 기본도 모르면서 명함에 '카피라이터'라고 새기고 프리랜서로 활동하던 30대의 저입니다. '카피라이터'라는 직업으로 살면서도 내내 콤플렉스에 시달렸습니다. 그 이유는 카피라이터가 되기 위한 본격적인 교육을 한 번도 받은 적이 없기 때문입니다.

카피라이터가 쓴 책을 읽으면 대부분 스승이나 상사에게 매번 수백 개의 카피를 제출하지만, 다시 써오라는 답변을 받아 '나는 재능이 없는 건가…?' 하고 고민했다는 에피소드가 자주 등장하죠? 저 역시 그랬습니다.

저는 대학을 졸업하고 광고사에 들어갔지만 카피라이터가 아닌 영업사원으로 시작했습니다. 그 후 크리에이티브 부서로 이동해 TV CF를 기획하는 CF 플래너라는 직책을 맡게 되었고, 연수나 교육도 없이 급작스레 CF 제작 현장을 경험하게 되었습니다. TV CF의 기획 콘티를 마감하며 캐치 카피 같은 글을 적어 넣기는 했으나 어쩌다 감각적으로 멋져 보이는 한 줄을 적은 게 전부였습니다. 결국은 3년도 안 되어 그만두고 프리랜서의 길을 걷게 되었습니다. 그 당시, 광고 기획자보다는 카피라이터가 더 멋져보여 명함에 '카피라이터'라고 새겼습니다. 지금이라도 카피의 신이 있다면 정말 죄송했다고 사과하고 싶습니다.

하지만 이후 좋은 클라이언트를 만나면서 여러 카피 관련 상을 받았고, 제가 쓴 카피에 대해 훌륭하다고 평가해 주는 사람들도 늘었습니다. 그럼에도 불구하고 '좋은 카피'가 무엇인지에 대해서는 여전히 알 수가 없었습니다. 그 답을 얻고자 당시 출판된 국내외 카피라이터가 쓴 책을 거의 다 읽어보았습니다. 책들은 다 재미있고 큰 도움이 되었지만 읽자마자 '나도 좋은 캐치 카피를 쓸 수 있을 것 같아.'라는 느낌을 주는 책은 없었습니다. 그래서 이 책을 쓰기 시작했습니다.

상류 카피와 하류 카피, 하드 셀과 소프트 셀, What to say와 How to say 같은 개념을 정리하며 제 안에 있던 답답함이 조금씩 풀려갔습니다. 그리고 드디어 '어떻게 하면 좋은 카피를 쓸까?', '좋은 카피란 무엇인가?'의 답이 어렴풋하게나마 보이는 듯했습니다. 그 과정을 정리한 것이 이 책입니다.

물론 이 책의 내용을 그대로 따른다고 해서 반드시 '좋은 카피'를 쓸 수 있다는 건 아닙니다. 다만 이 과정을 거치며 캐치 카피를 쓰면 상대에게 '왜 이 카피가 좋은지?'를 자신 있게 설명할 수 있게 될 것입니다. 그래서 이 책을 30대의 저에게 제일 먼저 읽히고 싶습니다. 좋은 카피를 쓰기 위해 고민하는 여러분에게도 이 책이 좋은 교과서가 되길 바랍니다.

2024년 가와카미 데쓰야

단번에 마음을 사로잡는 한 줄 카피의 힘

캐치 카피

지은이 | 가와카미 데쓰야
옮긴이 | 민경욱

편집 | 김소연 양가현
디자인 | 한송이
마케팅 | 황기철

인쇄 | 금강인쇄

초판 인쇄 | 2024년 12월 26일
초판 발행 | 2025년 1월 2일

펴낸이 | 이진희
펴낸곳 | (주)리스컴

주소 | 서울시 강남구 테헤란로87길 22, 7151호(삼성동, 한국도심공항)
전화번호 | 대표번호 02-540-5192
          편집부 02-544-5194
FAX | 0504-479-4222
등록번호 | 제2-3348

ISBN 979-11-5616-786-0 03320
책값은 뒤표지에 있습니다.